Lettre sur les réformes de M. Macron

David Guerlava

Résumons en quatre mots le pacte social des deux états. *« Vous avez besoin de moi, car je suis riche et vous êtes pauvre ; faisons donc un accord entre nous : je permettrai que vous ayez l'honneur de me servir, à condition que vous me donnerez le peu qui vous reste pour la peine que je prendrai de vous commander ».*

Discours sur l'économie politique, ROUSSEAU

INTRODUCTION

Je n'ai rien contre la personne du Président : j'admire sa puissance jupitérienne : son franc-parler est impérial : sa détermination est sans faille ; qu'il se proclame, s'il veut, le maître du temps : et que M. Barbier – sur *BFM* - l'érige en « *prophète* » si çà lui chante. Je ne suis pas sûr, à la fin, que cela profite à tout le monde.

M. Macron aime les adjectifs. Il en a de savoureux. Les médias eux-mêmes n'ont pas manqué d'en employer de très sympathiques, pour nous présenter les « réformes ». A les en croire, elles étaient toutes « *inéluctables* », « *audacieuses* » et « *nécessaires* ».

M. Macron est donc un homme audacieux. Il a nommé trois hommes de Droite aux plus hautes fonctions de l'État (premier ministre, ministre du Budget et ministre de l'économie). Il a donné la primeur de ses impressions à un journal de Droite (*Le Point*). Il a déréglementé le Code du travail, et abaissé la fiscalité du capital. A tel point que M. Gattaz lui-même - le président du *Medef* - l'a félicité et encouragé pour la suite.

« *Il faut s'adapter au monde moderne* » rétorqueront certains. C'est ce qu'ils disent depuis des années. Notamment depuis la crise de 2007-2008. Or, rien dans les statistiques ne semble légitimer un tel dogmatisme. La crise, par exemple, est venue du krach américain des *subprimes*. C'était une crise financière donc, qui aurait dû nous permettre de remettre en cause un certain nombre de préjugés. Mais non. Très vite, ça a tourné au *black-out.*

Rappelez-vous. La dette était passée du privé au public ; on avait renfloué les banques. Mais non, c'était l'État le responsable. En Europe, il fallait des boucs émissaires. La Grèce était devenue la brebis galeuse, l'indésirable, la responsable du possible éclatement de l'Europe.

Pourtant, avant la crise, la dette des États européens ne virait pas plus au rouge que les autres indicateurs. Et, après la crise, certains pays s'en sont mieux sortis que d'autres. Les pays qui avaient, à la base, les recettes et les dépenses les plus structurées, ont pour la plupart mieux résisté. La Suède, par exemple, plus interventionniste que le Royaume-Uni et le reste de l'Europe, est un des pays qui s'en est le mieux sorti.

Cela n'a pas empêché les dirigeants européens de donner des leçons de morale à tout le monde. Et notamment à la Grèce. Pas pour lui dire - à la rigueur – que son système fiscal n'était pas performant, et qu'il fallait taxer davantage les armateurs et l'Église. Non. Pour expliquer qu'en bon pays sudiste qui se respectait, la Grèce ne travaillait pas assez, et dépensait l'argent public sans compter. Or, un Grec travaille 700 heures de plus par an en moyenne qu'un Allemand. Et en 2006, la Grèce dépensait 7 % de PIB de moins dans sa « *Protection sociale* » que l'Allemagne.

Les « réformes » de M. Macron ne sont, pour l'essentiel, que le prolongement de cette guerre idéologique qui s'est accélérée depuis la crise. Depuis 2008, la *Commission européenne* et la

BCE ont en effet exercé une pression forte sur les États membres pour qu'ils engagent toute une série de *« mesures audacieuses »*, comme la réduction du nombre de fonctionnaires, la privatisation des services publics, et surtout la flexibilisation des licenciements et des rémunérations via l'inversion de la hiérarchie des normes[1].

Les ordonnances Pénicaud, signées face caméra par M. Macron le 22 septembre dernier, accélère ce processus d'inversion de la hiérarchie des normes, amorcé par la loi El Khomri. Sur les 160 pages que comptent les ordonnances, une seule mesure est en effet *directement* favorable aux salariés : le plancher des indemnités légales de licenciement. Le reste (comme le plafond de ces mêmes indemnités) donne indubitablement plus de marge de manoeuvre aux employeurs.

La question évidemment est de savoir si, à terme, les ordonnances et la nouvelle fiscalité vont relancer l'économie. Dans un sondage d'*Odoxa* pour *Le Figaro,* les Français pensent que les ordonnances ne vont pas permettre de diminuer le chômage (à 74 %). Et dans un sondage *Elabe* pour *BFM*, ils pensent que la suppression de l'*ISF* va accroître les inégalités (à 69 %). Sur ces deux blocs de réformes (ordonnances et fiscalité), et sur leurs conséquences en matière d'emploi et d'inégalité, nous verrons s'ils se trompent.

Après avoir discuté des limites du modèle allemand (chapitre 1) et placé quelques jalons

---

[1] Lire notamment à ce sujet "*Inversion de la « hiérarchie des normes »: la longue histoire du dumping social européen »* par Coralie Delaume et Steve Ohana pour *Le Figaro* le 18 juillet 2017

théoriques (chapitre 2), nous verrons en effet si la "flexibilisation" du coût du travail (chapitre 3) et des formes de travail (chapitre 4) peut permettre de relancer l'économie. Nous verrons, enfin, si d'autres pistes pouvaient être explorées (chapitre 5), et comment une approche objective des questions de compétitivité et d'inégalité peut permettre de comprendre le modèle social français. Toutes les corrélations que nous publions sont le fruit de nos recherches.

1. Le modèle allemand

Dans les années 90, on nous présentait l'Allemagne comme un modèle de dialogue social, avec un fort taux de syndicalisation. Aujourd'hui, on nous le vend comme une des meilleures réussites de relance de l'activité. Le fait est que, depuis 2005, l'Allemagne a divisé son taux de chômage par deux.

Toutefois, comme le fait remarquer le magazine « *Alternatives économiques* »[2], d'autres facteurs que la « flexibilisation » du marché du travail peuvent expliquer la reprise outre-Rhin.

Dans les entreprises allemandes de plus de cinq salariés par exemple, ces derniers sont beaucoup plus impliqués dans la vie de l'entreprise qu'en France. Les salariés allemands peuvent demander la création d'un conseil d'entreprise, qui dispose d'un vrai droit de veto sur les principales décisions, comme les équipements, le temps de travail et les licenciements individuels et collectifs.

Par ailleurs, observe Guillaume Duval, du fait de la faible démographie allemande, la demande de logements est moins forte relativement à l'offre. Les prix de l'immobilier sont donc moins chers pour les ménages et les entreprises. Ce qui augmente les capacités de consommation et d'investissement, et rend un peu moins indolores les réformes Hartz et autres. Rien de tel évidemment en France, puisque les dernières décisions vont plomber les capacités de rénovation

---
2 *"Faut-il copier l'Allemagne ?"* Septembre 2017

et d'investissement des bailleurs sociaux (HLM)[3]. En outre, l'Allemagne s'est beaucoup plus impliquée dans la transition énergétique, puisque sa part des énergies renouvelables a augmenté de 100 % depuis 2005, deux fois plus qu'en France.

Enfin, les bons chiffres du chômage allemand ne doivent pas faire oublier le principal. En dehors du fait que les équipements et les infrastructures publiques – comme les routes et les écoles – ont tendance à se délabrer, les conditions de vie se sont en effet sensiblement dégradées en Allemagne.

Le pourcentage de travail à temps partiel chez les 20-64 ans, par exemple, atteint aujourd'hui plus de 26 %, largement au-dessus de la moyenne européenne (19 %). On dénombre en Allemagne quasiment 8 millions de *« minijobs »,* soit 19 % de l'emploi. Ces contrats de 50 heures mensuels, qui permettent de gagner au maximum 450 euros par mois, ne donnent pas droit à la retraite ni au chômage. Du fait du manque d'information et de la précarité des situations, les salariés concernés hésitent aussi parfois à faire valoir leurs congés payés ou les arrêts maladie.

Par ailleurs, le taux de pauvreté a sensiblement augmenté en Allemagne. *Eurostat* définit en effet le risque de pauvreté comme le fait d'avoir des revenus inférieurs à 60 % du revenu médian après transferts sociaux. Or, le taux d'Allemands en dessous de ce seuil est passé de

---

3 Voir l'article du 26 septembre 2017 *"Logement. Le monde HLM vent debout contre le projet Macron"* de Camille Bauer pour *L'Humanité*

12 % en 2005 à 17 % en 2015.

Plus surprenant encore, ce ne sont pas seulement ceux qui occupent les emplois les plus précaires (du style temps partiel et *minijobs*) ni même ceux qui n'occupent aucun emploi qui ont fait augmenter les chiffres de la pauvreté (les dépenses allemandes de « Protection sociale » n'ayant pas baissé depuis 10 ans), mais aussi ceux qui travaillent à temps plein : le taux de pauvreté des travailleurs allemands à temps plein a doublé en 10 ans :

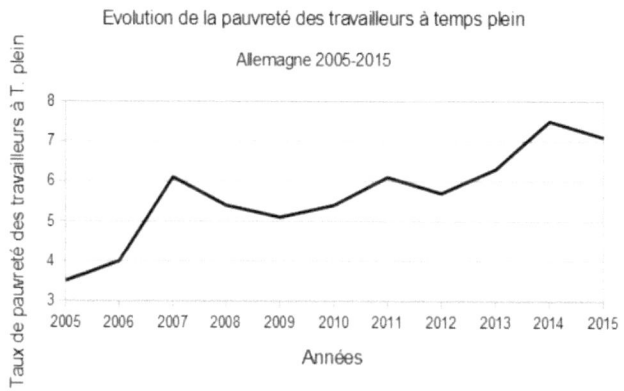

Certes, les chiffres d'*Eurostat* s'arrêtent en 2015, année où Merkel a introduit un salaire minimum. Mais je ne vois pas ce que cela change pour la France : il y a déjà un SMIC en France, et pourtant le taux de pauvreté des travailleurs à temps plein était déjà de 6 % avant les ordonnances (12 pays sur 28 font mieux que nous). Le SMIC ne constitue donc pas un rempart absolu contre la pauvreté du travail à temps plein. Et les ordonnances Pénicaud risquent fort, comme en Allemagne, d'aggraver la situation.

D'autres données statistiques au sein de l'*Union européenne* – un cadre d'analyse cohérent - contredisent l'idée d'une inéluctabilité de la flexibilisation. Le Danemark, par exemple, avec le coût du travail le plus élevé d'Europe (42 € de l'heure charges comprises) a un taux de chômage de seulement 6,2 %. La Roumanie, avec le plus faible pourcentage de contrats à durée limitée, connaît un taux de chômage inférieur à 6 %. A l'inverse, Chypre a connu la forte hausse des inégalités depuis dix ans, et son chômage est de 13%. En Grèce, la durée annuelle de travail est la plus haute (+ de 2000 heures par an) et le chômage est de 23,6 %. L'Espagne, enfin, connaît le plus fort pourcentage de contrats à durée limitée, et son chômage est de 19,6 % (année retenue : 2016).

2. Repères théoriques

La doctrine du Président n'a rien de très original. Il s'agit, comme en Allemagne, de faire payer davantage au travail une certaine idée de la compétitivité. Comme s'il n'y avait qu'un facteur de production, et donc qu'un coût. Or, n'importe quel économiste sait qu'il y a deux coûts de production : le travail et le capital. Laurent Cordonnier et cts ont publié en 2012 une étude à ce sujet, intitulée *Le coût du capital et son surcoût*. Mais seuls quelques médias ont relayé l'information.

A la distinction capital / travail correspond celle, un peu plus connue et facile d'accès, entre l'offre et la demande. L'offre correspond aux investissements, et la demande à la consommation.

On dit souvent que les élus mettent en œuvre soit une politique de l'offre, considérée comme plutôt de Droite, car elle met l'accent sur les entreprises et les investissements (et donc le capital) ; soit une politique de la demande, considérée comme plus à Gauche, car elle prend davantage en considération ceux qui consomment et les salariés.

La querelle entre les tenants de ces deux types de politiques n'est pas nouvelle. A croire d'ailleurs que rien ne saurait vraiment les départager. Pourtant que disent les chiffres ?

L'étude du rapport entre *les variations de l'emploi et les variations de la demande* au sein de l'*UE28* montre que la corrélation entre les deux indicateurs est forte.

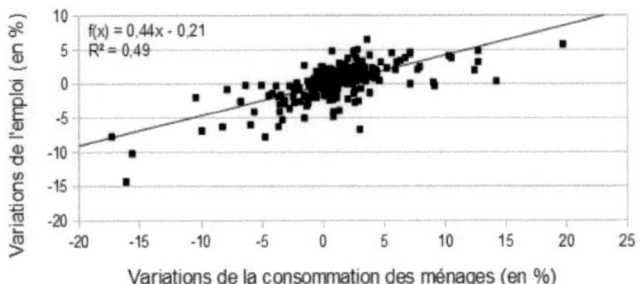

Corrélation consommation / emploi

Europe 2005-2014

Variations de la consommation des ménages (en %)

Remarque méthodologique : par convention on admet qu'une corrélation est très forte si le coefficient de corrélation $r > 0,8$; forte entre 0,8 et 0,5 ; moyenne entre 0,5 et 0,2 ; et non significative en dessous de 0,2. Une corrélation peut être positive (la droite ou la courbe f(x) monte) ou négative ((f(x) descend). Le caractère positif ou négatif de la corrélation n'a pas de valeur morale ou d'intensité, c'est un terme académique pour indiquer le caractère *proportionnel* ou *inversement proportionnel* de la corrélation. Pour chacune des corrélations au sein de l'*UE 28* que nous relèverons, nous prenons en compte les pays à partir de leur année d'adhésion à l'*Union*., sachant que seuls 3 pays sur 28 sont entrés après 2005 : la Bulgarie et la Roumanie en 2007, et la Croatie en 2013.

Ici sur l'axe horizontal, les variations de consommation ; et sur l'axe vertical, les variations de l'emploi. Chaque point du graphique correspond à une année pour un pays (28 pays pour 9 années = 252 points moins ceux des 3 pays adhérents après 2006). Comme on peut le voir, le nuage de points est concentré autour de la droite de tendance, qui est fortement ascendante : autrement dit, la tendance générale veut que l'emploi augmente quand la consommation augmente : les deux sont proportionnels. La corrélation est positive. Elle est forte (0,7).

La *corrélation investissement des entreprises / emploi*, elle, bien que non négligeable, est sensiblement moins forte (0,48). Autrement dit, l'impact positif - sur l'emploi - de la consommation des ménages est plus fort que celui de l'investissement des entreprises.

A cela s'ajoute le fait que les investissements d'entreprises sont eux-mêmes corrélés à la consommation des ménages (0,43) :

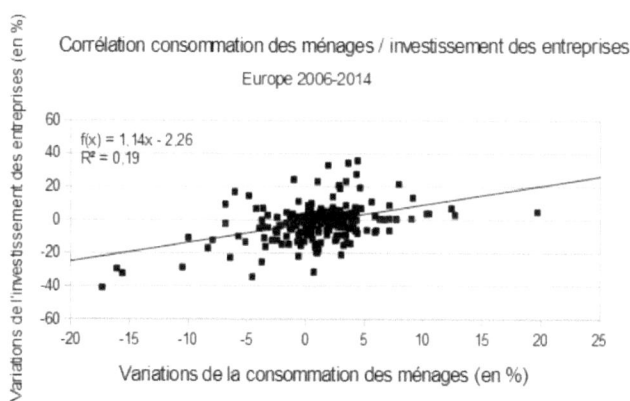

Autrement dit, la première corrélation (*consommation des ménages / emploi*) étant plus forte que la deuxième (*investissement des entreprises / emploi*), on peut en déduire que les investissements des entreprises influent sur l'emploi en raison de leur propre dépendance à la demande et à la consommation.

15

Cela n'a rien de choquant. Un investisseur ne se comporte comme tel qu'après une étude de marché. L'investisseur est toujours présenté comme le précurseur, le moteur et le pionnier de l'économie. Or, son succès dépend du bon vouloir des consommateurs. A la fin des fins - et donc dès le début - c'est le consommateur - même influencé par les publicités et la recherche exaltée de position sociale - qui commande.

En outre, les investissements d'entreprises ne sont pas les seuls types d'investissement. Il y a aussi les investissements des ménages (le fait d'acheter ou de rénover une maison par exemple). Or, la *corrélation investissement des ménages / chômage* est deux fois plus forte (-0,43) que la *corrélation investissement des entreprises / chômage*. Autrement dit, même pour les investissements, le rôle des ménages est primordial :

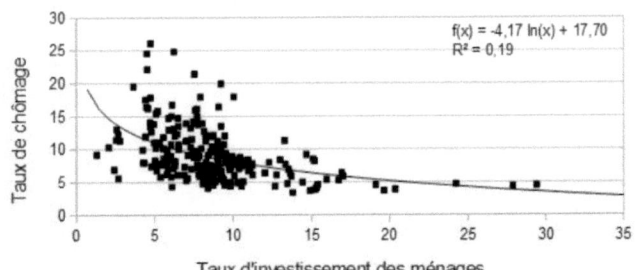

Corrélation investissement des ménages / baisse du taux de chômage

Europe 2005-2015

Le facteur principal de crue ou de décrue du chômage - entre l'offre et la demande – est donc bien la demande. Et donc le pouvoir d'achat des ménages (qui permet de consommer et d'investir).

3. La question du coût du travail

Que doit-on attendre des réformes Macron en matière de consommation et de pouvoir d'achat ? Le Président et le gouvernement n'ont pas expressément adopté une loi diminuant le coût du travail. Toutefois, l'inversion de la hiérarchie des normes, amorcée par la loi El Khomri, puis accélérée par les récentes ordonnances, va inéluctablement – comme en Allemagne - compresser les revenus des salariés.

Certes, les branches gardent le contrôle des minimas salariaux. Mais les primes de nuit, d'ancienneté et le treizième mois seront maintenant du ressort du patron[4]. Les referendums d'entreprises auront toutes les chances également d'être présentés comme des ultimatums. Les accords d'entreprises enfin, qui permettaient déjà *« d'augmenter le temps de travail, de baisser les salaires ou de contraindre les salariés à la mobilité au nom de la compétitivité* [sont maintenant remplacés] *par un accord majoritaire « simplifié ». Pour y recourir, il suffira d'arguer de «nécessités liées au fonctionnement de l'entreprise» ou de mettre en avant la préservation de l'emploi. Les salariés qui refuscront les changements seront licenciés pour avoir refusé les conséquences de l'accord sur leur contrat de travail. Ils auront droit à l'assurance chômage et à un abondement sur leur*

---

4 *"Code du travail : pourquoi votre rémunération pourrait baisser"*, par Tiphaine Thuillier pour *L'Expresss* le 4 septembre 2017

compte de formation, mais pas à l'accompagnement garanti pour un licenciement économique, qui prévaut aujourd'hui pour certains types d'accords »[5].

Je sais que, parallèlement aux ordonnances, M. Darmanin (le ministre du Budget) a déclaré que la politique du gouvernement allait « rapporter » un treizième mois – via une baisse des cotisations et une prime d'activité - à ceux qui gagnent entre 1 et 1,3 SMIC. Il a même avancé que cela profiterait à l'ensemble des Français, avant d'être un peu plus réaliste et de faire marche arrière.

Toutefois, ce fameux treizième mois ne devrait profiter aux salariés concernés qu'à la fin du quinquennat. Et, dans les faits, il ne sera « versé » qu'à plusieurs conditions : si les salariés entre 1 et 1,3 SMIC ne voient pas leur prime de treizième mois supprimé par leur employeur, s'ils sont routiers (ces derniers ayant obtenu des garanties suite à leur grève), s'ils ne roulent pas en diesel comme la majorité des Français, si leur véhicule passe sans problème au nouveau contrôle technique décrété par le gouvernement Valls, ou si le prix des transports en commun n'augmentent pas parce que les collectivités ont moins de moyens, s'ils ont autant de chances de trouver un logement social qu'avant (alors que les capacités d'investissement des bailleurs sociaux vont diminuer), si leurs employeurs indexent leurs salaires sur l'inflation ou si eux-mêmes font valoir leur mérite, et si les accords au sein de leurs entreprises ne précarisent

---

[5] *"Ce que contiennent les ordonnance"*, Alexia Eychenne pour *Libération* le 31 août 2017

pas leurs emplois et leurs salaires. Alors, ils pourront gagner 100 € de plus par mois. Mais çà fait beaucoup de si.

La nouvelle fiscalité du capital et la compression des salaires (via la « flexibilisation » du travail) paraissent, elles, beaucoup moins conditionnelles.

Pourtant, quand on met en rapport le coût du travail avec la plupart des indicateurs économiques, comme le chômage, on est surpris du résultat. Entre 2012 et 2015, le Danemark, le Portugal et la Lituanie par exemple (avec des coûts du travail respectivement élevés, moyens et bas) ont augmenté leurs coûts de 4, 1 et 15 %. Et cela ne les a pas empêché de diminuer leur taux de chômage (de 17, 20 et 32 %). A l'inverse, Chypre et la Grèce ont baissé leurs coûts du travail de 6 et 10 %, et leur taux de chômage a grimpé de 26 et 2 %. En fait, sur les 28 pays de l'*UE*, seule la République Tchèque à à la fois diminué le coût du travail et le chômage.

Plus généralement, je note que la *corrélation coût du travail / emploi* n'est pas celle que M. Gattaz par exemple se plaît à revendiquer. On est loin ici des poncifs habituels sur le sujet : la corrélation est de - 0,26 (-0,36 *Zone Euro*) : plus le coût du travail est important, et plus le chômage a tendance à diminuer.

Le résultat peut paraître étonnant, mais n'en est pas moins logique. Du point de vue de la production, une main d'œuvre mieux payée, ce sont des salariés plus motivés et plus productifs. Et du point de vue de la consommation, des salariés mieux payés, ce sont des ménages capables de mieux consommer et des carnets de commande mieux remplis.

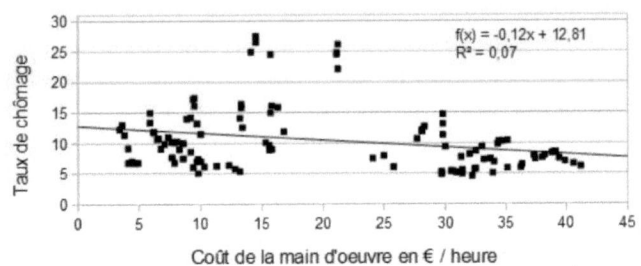

Corrélation coût du travail / emploi

Europe 2012-2015

Plus de consommation des classes populaires et moyennes ne signifient pas, d'ailleurs, plus de consommation de produits étrangers (et donc une balance commerciale déficitaire). Bien au contraire[6].

Plus les ménages sont pauvres – autrement dit moins les salariés sont payés - et plus ils auraient tendance à consommer des produits étrangers moins chers, dans le *discount* de l'alimentaire et de l'habillement notamment.

A l'inverse, les ménages les plus riches – qui bénéficient de la faiblesse et/ou de la baisse du pouvoir d'achat des classes populaires et moyennes - sont ceux qui consomment généralement le plus

---

6 Voir notamment le rapport du Sénat n°169-2008-2009 « *La relation entre consommation des ménages et importations : relancer la consommation pour relancer la croissance ?* » Par Bernard Angels

de produits étrangers, dans le budget notamment des vacances, de l'automobile et de l'immobilier.

Enfin, la part des charges sociales dans les salaires assurent une certaine stabilité au système et à la consommation : les assurances chômage, santé et les retraites évitent que les individus soient trop exposés aux risques du marché, et stoppent brutalement leur consommation au moindre problème ou à la fin de leur activité. Le terme de « charge » lui-même est inapproprié : il s'agit plutôt de cotisations, d'assurances que les salariés récupèrent, notamment quand ils sont à la retraite et en moins bonne santé.

A noter également, résultat tout aussi surprenant, que des coûts du travail plus élevés ne pénalisent pas l'épargne. La corrélation est de 0,69 (0,63 dans la *Zone Euro*).

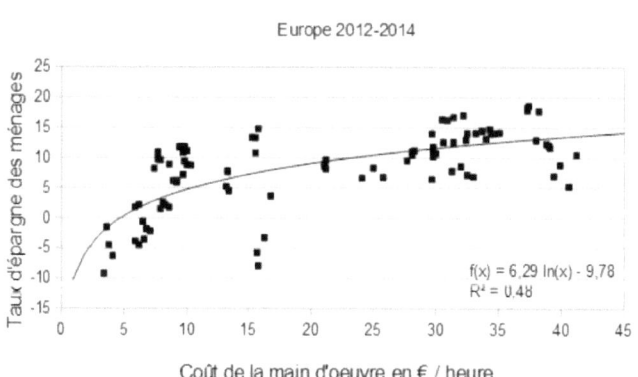

C'était pourtant une des rengaines de la doctrine libérale, notamment à la fin de la période (abusivement) appelée les *Trente Glorieuses*, qui voulait que le coût du travail baisse, pour moins rogner sur l'épargne et les capacités d'investissement. Ici, on a la preuve du contraire. L'épargne des ménages s'accommode très bien de coûts du travail plus élevés. Les stocks d'argent immobilisés dans les banques, pour consolider les comptes, investir et ouvrir des crédits ne diminuent pas quand les salaires augmentent.

Certes, on note une légère *corrélation coût du travail / baisse des investissements des entreprises* (0,31). Mais, d'une part, cette corrélation n'est pas plus forte que la *corrélation coût du travail / emploi* ; et, d'autre part, l'investissement des ménages – structurellement plus influent sur le chômage - est corrélé positivement au coût du travail, et la corrélation (0,56) est plus forte que pour les entreprises :

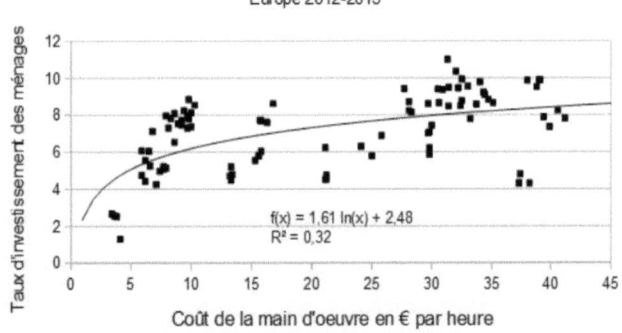

Corrélation coût du travail / investissement des ménages

Europe 2012-2015

Autrement dit, une fois tous les éléments pris en compte (consommation, épargne et investissement), le coût du travail et le pouvoir d'achat des ménages ont un impact plus positif que l'investissement des entreprises sur la baisse du chômage.

A cela s'ajoute le fait – pour le moins crucial – qu'on n'observe pas de *corrélation coût du travail / Investissements Directs à l'Étranger entrants* (2005-2012) : contrairement à ce qu'on ne cesse de nous rabâcher, des coûts du travail plus élevés n'empêchent pas les capitaux d'entrer.

S'ils ne permettent pas non plus une entrée massive, c'est pour les raisons qu'on devine. Une analyse détaillée du stock des *IDE* entrants est en effet édifiante. En 2012 (dernière année disponible), les pays qui bénéficient le plus de ces *IDE* (en % du PIB pour lisser les écarts) sont, comme par hasard, de petits pays et des îles, comme Malte[7] (pour 1822% de son PIB !), le Luxembourg (206%), l'Irlande (168%), la Belgique (101%) et Chypre (90%). L'Allemagne et la France sont loin derrière, avec respectivement 28,5 et 26,6 %. La Suède et le Danemark eux (avec des coûts du travail plus élevés), s'en sortent mieux avec respectivement 67,8 et 45 %.

Ces capitaux entrants n'ont pas non plus - c'est un des résultats les plus importants de mes recherches – d'effets positifs sur l'emploi : la *corrélation IDE entrants / chômage* est nulle pour la période 2002-2012 ; voire tout juste significative

---

[7] Lundi 16 octobre, la blogueuse anticorruption maltaise Daphne Caruana Galizia a été tuée par une bombe placée sous sa voiture

(0,22) sur la période 2002-2011 (loin derrière la *corrélation emploi / consommation*). Plus spécifiquement, la *corrélation entrée de capitaux / désindustrialisation* dans l'*UE 28* est négative à 0,40 pour la période 2002-2011 :

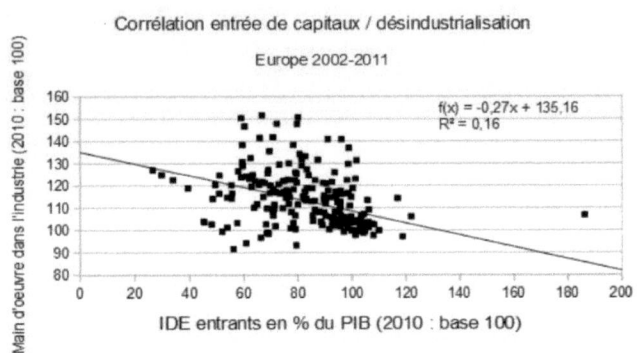

Autrement dit, plus les capitaux affluent de l'étranger, et plus l'emploi dans l'industrie a tendance à diminuer. Pour la France, le chiffre atteint même 0,56.

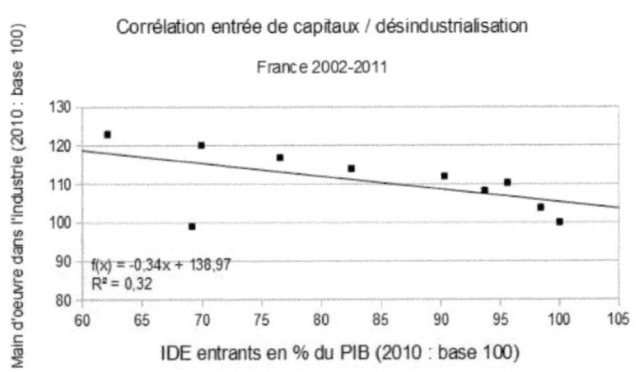

Soit dit en passant, la baisse des emplois industriels n'est pas la conséquence logique des gains de productivité et des « dégraissages » d'effectifs que certains imaginent toujours devoir succéder à l'arrivée de capitaux. En effet, si on prend en compte non plus la main d'œuvre mais la production industrielle globale, la tendance est la même (la *corrélation main d'œuvre industrielle / production industrielle est de* 0,72).

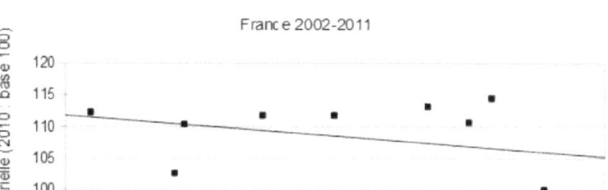

Autrement dit, « entrée massive de capitaux » ne rime pas forcément avec emploi et industrialisation. De quoi faire réfléchir ceux qui doutent encore de la possibilité des « licenciements boursiers » (quand une entreprise licencie alors qu'elle fait des bénéfices). Les *IDE* sont pourtant définis par *Eurostat* comme les catégories d'investissements internationaux qui se font « *dans le but d'acquérir un intérêt durable* », cet intérêt durable étant « *réputé exister lorsque l'investisseur acquiert au moins 10 % du capital de l'entreprise* ».

Avant la « réforme travail » et le nouveau

budget, la jurisprudence de la Cour de Cassation avait déjà élargi la notion de « *motif de licenciement économique*» à celle de « *sauvegarde de la compétitivité de l'entreprise* », expression éminemment vague, qui reste à la discrétion des actionnaires, qui jugent souverainement de la rentabilité financière – pour leur portefeuille – des entreprises qui leur appartiennent. Les ordonnances Macron vont encore plus loin, puisqu'elles augmentent le pouvoir de ces actionnaires, avec la notion de périmètre national (une entreprise qui fait mondialement des bénéfices pourra licencier en France si elle veut).

L'argument selon lequel les décisions et les revenus des « investisseurs » seraient justifiés par le risque qu'ils prennent est par ailleurs tout à fait fallacieux. Le risque augmente avec l'imprévisibilité et l'instabilité de l'économie, et les « investisseurs » se font payer bien cher un risque qui n'existerait pas sans eux. Les crises financières en sont la preuve flagrante. En effet, la première des stabilités, c'est celle de la consommation et du carnet de commandes. Or, plus le taux de risque de pauvreté au travail est fort, et moins la consommation est stable. Comme on peut le voir sur le graphique suivant, là où le taux de risque de pauvreté au travail est plus élevé, l'instabilité de la consommation est plus forte.

Autrement dit, ce n'est pas en « *flexibilisant* » les modalités de rémunération via les accords d'entreprises qu'on stabilise la consommation et l'économie. On obtient d'ailleurs les mêmes résultats avec la stabilité des prix et la croissance. La guerre des prix est dangereuse, surtout pour le prix du travail. D'autant que l'essentiel des TPE / PME ne sont pas directement concurrencées à l'international.

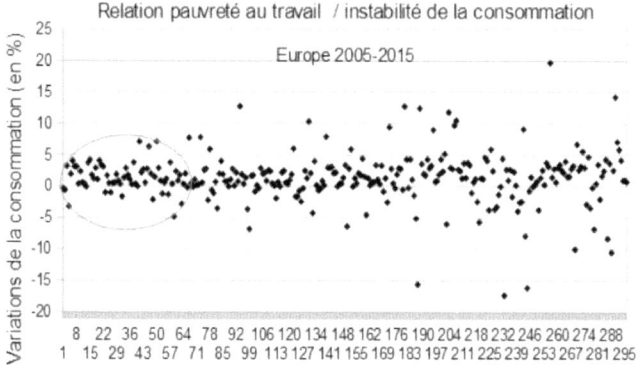

Pauvreté : de la moins répandue (à gauche) à la plus répandue (à droite)

Lecture du graphique : sur l'axe horizontal, les 303 séquences correspondant à la pauvreté au travail des 28 pays pour les 11 années 2005 à 2015 (28 x 11 – 2 années pour la Bulgarie et la Roumanie et 6 années pour la Croatie). Plus on va vers la gauche de l'axe, moins la pauvreté au travail est élevée. Sur l'axe vertical, les variations de la consommation. A gauche du graphique, le nuage de points est beaucoup moins éclaté qu'à droite, notamment dans l'ellipse que nous avons représentée.

En résumé, si aucune nouvelle crise financière ne se produit, le chômage conjoncturel pourra donc peut-être *dans un premier temps* baisser en France, comme dans le reste de l'Europe depuis 2012. Ce qu'il pouvait faire de toute façon sans les réformes récentes. Mais s'agissant des réformes, cela n'ira vraisemblablement pas sans une aggravation des causes structurelles du chômage, et de l'inégalité.

4. Temps de travail et contrats de travail

Le président de la *Banque Mondiale* Jim Yong Kim a récemment prédit un effondrement de l'emploi de main d'oeuvre humaine dans les prochaines années, du fait de l'automatisation et de la robotisation de la production.

Ce changement paraît assez inéluctable, notamment pour les pays plus développés. Envore faudrait-il qu'il profite à tout le monde, et que la charge collective de travail humain restant soit répartie équitablement.

Cela ne semble pourtant pas être une préoccupation majeure pour M. Macron, puisqu'une des variables d'ajustement des accords d'entreprises sera évidemment l'augmentation du temps de travail.

L'analyse comparative des données européennes ne légitiment pourtant en rien la flexibilisation. D'abord, notons que les pays les moins défavorisés en termes de salaires le sont aussi en matière de temps de travail. Les deux indicateurs – le coût du travail et le temps de travail – sont fortement corrélés à -0,75 dans l'*Union européenne* (-0,44 dans la *Zone Euro*) : là où les propriétaires du capital ont moins le loisir de diminuer les salaires, ils ont aussi moins de marge de manoeuvre pour augmenter le temps de travail.

Ensuite, il apparaît que l'augmentation du temps de travail augmente structurellement le taux de chômage. Plus la durée annuelle de travail est élevée, et plus le taux de chômage est fort.

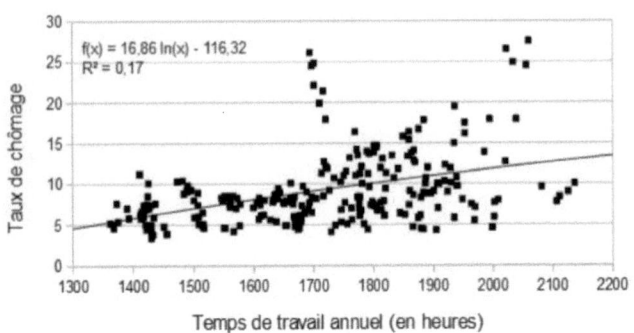

Corrélation temps de travail / chômage

Europe 2005-2015

La corrélation est substantielle (0,44). Seule l'Espagne, avec une durée annuelle de 1700 heures environ, se démarque singulièrement de la tendance européenne. La France, elle, se classe au quatrième rang (avec une durée annuelle autour de 1500 heures), derrière l'Allemagne (moins de 1400 heures), le Danemark et les Pays-Bas.

Notons au passage que le temps de travail, là encore sans surprise, a des conséquences sur d'autres indicateurs que le taux de chômage. Comme nous l'avons remarqué dans notre précédent ouvrage, il est corrélé à l'espérance de vie en bonne santé après 65 ans (– 0,61), à la réussite scolaire des enfants (-0,39) - du fait sans doute de la plus ou moins grande présence des parents - et au taux de suicide (0,28).

Évidemment, certains argueront du fait qu'après le volet « flexibilité » le gouvernement veut ouvrir un volet « sécurité de l'emploi» pour protéger les employés. D'après certains commentateurs, M. Macron n'aurait même jamais dit que les ordonnances créeraient de l'emploi. Et l'ensemble de la réforme sociale s'apparenterait plus à une forme de « flexisécurité » à la scandinave, plutôt qu'au modèle allemand.

En attendant l'Acte II, l'*Indice de Protection de l'Emploi* (ou *IPE*) crée par l'*OCDE* ne laisse guère de place au doute. En effet, plus cet indice est fort (plus il s'éloigne de 0), et plus le licenciement est difficile et coûteux pour l'employeur. Or, si on prend ici la *Zone Euro* (les chiffres manquant pour 6 pays de l'*Union européenne* contre 3 pour la *Zone Euro*), on constate qu'il n'y a pas de *corrélation flexibilité des licenciements / baisse du chômage* :

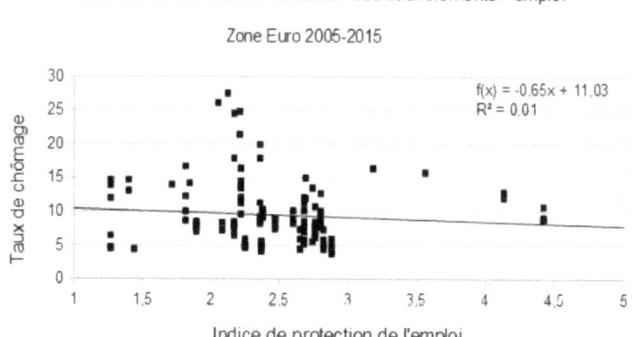

Par ailleurs, puisque certains se plaisent à comparer les réformes récentes aux modèles scandinaves, je note que la France était dès la « réforme Bertrand » de 2008 (avec un *IPE* à 2,38)

à peu près aussi « flexible » que les pays du Nord : 2,2 pour le Danemark, 2,61 pour la Suède, 2,17 pour la Finlande et 2,33 pour la Norvège.

En outre, la France n'était pas - avant les lois El Khomri et les récentes ordonnances – la moins « flexible » en Europe, puisque 8 pays de l'*Union européenne* avaient déjà un *IPE* plus fort que le nôtre. Et parmi ceux-ci, quatre ont aujourd'hui un taux de chômage moins élevé : la Suède, la République Tchèque, les Pays-Bas et l'Allemagne.

A l'inverse, on remarque chez certains de nos voisins une corrélation marquée entre « flexibilité » et chômage, comme en Espagne (-0,78) et au Portugal (-,93). Certains diront évidemment qu'il y a eu un effet d'inertie, le taux de chômage ayant dernièrement baissé dans ces deux pays. Sauf que l'inertie là a duré 3 ou 4 ans. Le Portugal et l'Espagne ont en effet enclenché la « flexibilisation » de leur marché du travail respectivement en 2010 et 2011, et leur taux de chômage n'a commencé à baisser qu'en 2014. Le chômage a d'ailleurs baissé quasiment partout en Europe depuis cette date, même là où le marché du travail n'a pas été flexibilisé, comme en Suède, au Danemark (qui a même augmenté son *IPE* en 2011), en Allemagne, et en Irlande (qui a aussi augmenté son *IPE* en 2012).

Enfin, notons qu'une étude du *Centre d'étude pour l'emploi* a en 2014 comparé les taux de recours aux tribunaux du travail dans les différents pays européens. Or, avant les réformes Macron, la France était déjà en dessous de la moyenne européenne (10,6 demandes pour 1 000 salariés en

Europe contre 7,8 en France)[8].

Le plafonnement des dommages et intérêts prud'homaux pour licenciement abusif, la diminution du délai de recours pour les salariés, la possibilité de rectification de la lettre de licenciement ou bien encore l'élargissement du champ d'application du licenciement économique ne feront donc pas diminuer le chômage. Ces mesures auront à la rigueur un effet placebo. Mais le retour à la réalité sera brutal.

Contrairement à ce que suggèrent la novlangue libérale, il n'y a pas de rapport *flexibilité / emploi*.

---

8 *"Les conseils de prud'hommes : un frein à l'embauche ?"* Sebastian Schulze-Marmeling en juin 2014

5. Des pistes à explorer

La vraie réforme, celle qui pourrait vraiment changer la donne, consisterait à sortir du système économique dominant. Mais comme cela ne semble pas devoir être le cas – pour les prochaines années - on peut essayer de voir ce qui est faisable à plus court terme.

Eurostat distingue trois types de *Politique de Marché du Travail* (ou *PMT*). Les *PMT 1* correspondent au budget des services de type *Pôle Emploi*. Les *PMT 2* correspondent aux aides au retour à l'emploi, comme la formation professionnelle, les emplois aidés, les incitations à l'emploi et les aides à la création d'entreprise. Les *PMT 3* enfin correspondent aux allocations-chômage.

Or, parmi ces trois *PMT*, seule une est corrélée *négativement* au chômage. Autrement dit, une seule de ces trois politiques publiques est efficace et permet de diminuer le chômage. Ce ne sont pas les allocations, puisque leur masse augmente en même temps que le chômage. Et ce ne sont pas les aides au retour à l'emploi, même si, on tient à le rappeler les emplois aidés créent du lien social. La seule *PMT* Inversement proportionnelle au chômage, c'est la *PMT 1*, le budget *Pôle Emploi*. La corrélation est de 0,3.

Aujourd'hui, le budget de *Pôle Emploi* en France est d'environ 0,25 % du PIB, ce qui fait à peu près 6 milliards. Seuls deux pays font mieux que nous : le Danemark (0,515 %) et l'Allemagne

(0,354 %).

Si on regarde le graphique, on remarque toutefois que passé 0,3 % du PIB, le taux de chômage reste en dessous des 8 % (2 points de moins que nous). Cela paraît logique. Une plus grande proximité des conseillers *Pôle Emploi*, cela veut dire plus de personnalisation, d'humanité et de suivi des parcours :

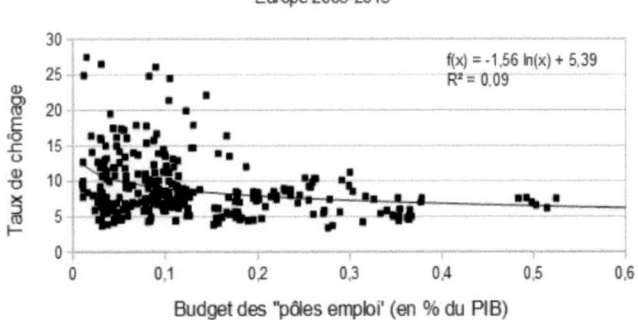

Aujourd'hui en France, il y a environ 24 000 conseillers, pour au moins 3,5 millions de chômeurs. Ce qui fait sur le papier 145 dossiers à suivre par conseiller. Le suivi des dossiers – appelés « portefeuilles » - est différencié suivant le niveau d'autonomie des demandeurs d'emploi. Normalement, les conseillers *"suivent 70 demandeurs d'emploi maximum dans un portefeuille "renforcé", entre 100 et 150 dans un portefeuille "guidé" et entre 200 et 350 dans un portefeuille "suivi". Mais dans les faits, au 1er*

janvier 2016, seulement 49% des agences respectent la fourchette théorique pour les "portefeuilles renforcés", 44% pour les "portefeuilles guidés" et 76% pour les "portefeuilles suivis". Dans certaines agences, les "portefeuilles" explosent. A La Tour-du-Pin (Isère), les conseillers en charge du "suivi" des demandeurs d'emploi les plus autonomes s'occupent en moyenne de 1.125 personnes"[9].

Certes, le baromètre de satisfaction au niveau national est bon : le taux de paiement dans les délais (des allocations) est de 94 % ; le taux de satisfaction des demandeurs d'emploi est de 71 % ; et le taux de satisfaction des entreprises est de 73 %. Mais là où les conseillers sont moins nombreux, les taux chutent invariablement, et les conseillers ne peuvent pas toujours s'adapter : "*Exemple à Bègles, où 26 conseillers s'en partagent 3.800. Stéphane en a 110. Sarah 450 ! […] Fabien, à Lens, qui vient de prendre un portefeuille guidé « riche » de 300 chômeurs, ne tourne pas autour du pot : « C'est trop ! Il n'y a pas assez de conseillers. » Et la situation va encore évoluer car, de trois, les catégories vont passer à deux, « autonome » et « accompagné »*"[10].

Je ne connais pas la masse salariale des conseillers, mais un doublement du budget serait déjà un progrès. Et nous ramènerait au niveau du Danemark. En appliquant un revenu moyen à tous les conseillers, j'évalue la masse salariale à moins

---

9 *"Pôle Emploi publie les "portefeuilles" de ses conseillers"*, par AFP dans *L'Express* le 22 janvier 2016
10 *"Dans le quotidien des conseillers de Pôle Emploi"*, par Alain Ruello pour *Les Echos* le 7 mars 2017

de 900 millions € par an. Un doublement du budget – hors frais logistiques - permettrait de passer à 168 000 conseillers et d'arriver à un ratio moyen de 20 chômeurs par employés.

Cela fait déjà 124 000 chômeurs de moins (présents ou à venir), d'autant que le recrutement pourrait se faire en partie parmi ceux qui sont déjà chômeurs. Il paraît essentiel aussi de motiver les conseillers en accordant une prime aux plus performants. Pas à ceux qui radient le plus d'allocataires, mais à ceux qui trouvent le plus de travail et de reconversions, en appliquant des taux pour les calculs de primes en accord avec les syndicats[11].

Voilà le type de mesure qu'il faudrait prendre urgemment. Parce qu'il y a un effet d'inertie. Avant que les conseillers soient sélectionnés, recrutés, formés et qu'ils soient efficaces sur le terrain, il peut s'écouler un certain temps.

A partir de la fonction de tendance de la corrélation, on a une idée assez précise du bénéfice social :

Fonction de corrélation	Coefficient de corrélation	Baisse du chômage sur 5 ans
-1,56 ln (0,5) + 5,39	0,3	Entre 1 et 2,5 %

---

[11] Suite à la fameuse phrase sur *"ceux qui foutent le bordel..."*, Mme Pénicaud a expliqué deux jours après sur *CNEWS* que les individus concernés pouvaient aller chercher du travail à 50 km de chez eux. Déjà, on peut s'étonner qu'elle soit aussi bien renseignée. Mais, même en supposant que cela soit vrai, cela fait environ 200 € par mois de budget carburant. Personne ne doit être contraint de postuler à de tels emplois en-dessous d'un certain revenu

D'après la fonction de tendance f(x), si on double le budget, on a une baisse théorique de 5 % du chômage sur 10 ans, et donc de 2,5 % sur un quinquennat. Multiplié par 0,3 (le coefficient de corrélation correspondant à un indice de certitude) cela donne une fourchette de 1 à 2,5 % de baisse du chômage sur 5 ans. Soit entre 70 000 et 175 000 chômeurs de moins par an, à partir de la deuxième année étant donné l'effet d'inertie. Soit entre 350 000 et 875 000 chômeurs de moins sur 5 ans. L'indice de certitude (le coefficient de corrélation) pouvant être un peu relevé, l'emploi de 124 000 conseillers n'étant pas pris en compte ici.

Cette mesure a toutes les chances d'être plus efficace que l'augmentation des dépenses de formation professionnelle annoncée par M. Macron. En effet, contrairement à ce que l'on pourrait penser, il n'y a pas de *corrélation dépenses de formation professionnelle / baisse du chômage* :

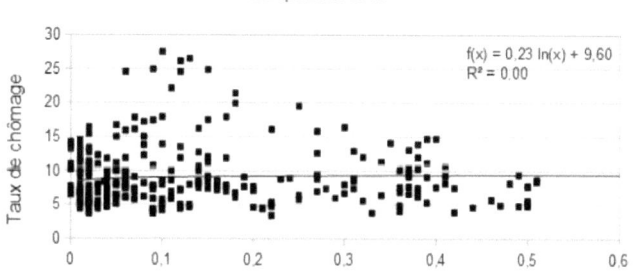

Autrement dit, on peut déverser de l'argent comme on veut sur la formation professionnelle (15 milliards € en l'occurrence), sans que cela change quoi que ce soit au problème. Ce budget était d'ailleurs déjà élevé en France, puisqu'il était de 0,37 % du PIB en 2015, ce qui place la France au quatrième rang derrière le Danemark (0,38 %), l'Autriche (0,46 %) et la Finlande (0,49 %) qui a le même taux de chômage que nous[12].

Il aurait donc mieux fallu rationaliser les dépenses (faire mieux avec autant d'argent) ou affecter une partie de l'augmentation budgétaire à *Pôle Emploi,* puisque pour suivre une formation, il faut d'abord être bien orienté.

Il faudrait aussi, parallèlement, inciter davantage les jeunes à opter pour l'apprentissage. Je sais qu'une réforme est en cours à ce sujet. Mais, au regard des informations dont nous disposons, le Gouvernement semble là encore sur le point de passer à côté de l'essentiel. En effet, la priorité en la matière est d'inciter les bacheliers à s'orienter vers ce type de formation. Or, Internet regorge de témoignages qui expliquent que les apprentis font perdre des droits sociaux à leurs parents, et que de fait certains de ces parents

---

12 On pourrait ajouter qu'on ne devient pas plombier ou menuisier en 400 heures, durée de formation préconisée par M. Macron. Sur Internet circulent aussi plusieurs témoignages de chômeurs ayant suivi une formation, et qui ont dû se réinscrire à *Pôle Emploi*. Apparemment celui qui ne le fait pas peut être radié, et son inscription rétroactive reste à la discrétion du directeur d'agence. On peut donc se demander si le système de formation d'environ trois mois n'est pas – au moins en partie - une façon détournée de diminuer artificiellement les chiffres du chômage. Il faudra aussi – sur le long terme - suivre l'évolution du taux d'emploi effectif, et voir si le nombre de bénéficiaires du RSA n'augmente pas quand le taux de chômage diminue

empêchent leurs enfants de s'orienter vers l'apprentissage. Il faut sauvegarder les droits sociaux des parents d'apprentis, pour inciter ces derniers à suivre - par exemple - un BTS en alternance, et permettre à l'ensemble de la famille de subvenir aux frais d'étude.

Dans sa dernière entrevue, M. Macron faisait remarquer que les filières professionnelles étaient considérées comme des « filières d'échec ». Or, au-delà des éléments de langage, le Président n'a rien proposé pour améliorer la situation. On pourrait même dire, au vu des réformes récentes, qu'il les a singulièrement aggravées : l'affaiblissement du compte pénibilité et la flexibilisation des rémunérations ne vont pas, pour le moins, inciter des jeunes à s'orienter vers des emplois déjà mal considérés, mal payés, et souvent éloignés des rêves de réussite facile que le système fait miroiter.

CONCLUSION

Les élites expliquent souvent le chômage par le manque de compétitivité. Mais ils en donnent toujours la définition qui les arrangent. A les écouter, la compétitivité ne serait qu'une question de flexibilité et de coût du travail. Or, la compétitivité ne s'explique pas par ce seul facteur, mais par plusieurs : 1. Le coût du capital et du travail. 2. La productivité du capital et du travail (qualité des formations, des décisions et de la mise en œuvre). Et 3. Le cadre écologique et institutionnel (infrastructures publiques, de communication et de transports, cadre réglementaire, sécurité, santé etc.).

Une mise en perspective de l'ensemble de ces indicateurs est difficile. La qualité des infrastructures, par exemple, n'est pas chiffrée statistiquement. Plutôt que d'estimer la compétitivité des économies sur la base d'une péréquation arbitraire, on peut donc regarder concrètement quels pays sont excédentaires ou déficitaires. Comparer les balances commerciales par exemple. Ou, encore mieux, les « *balances du compte des transactions courantes* ». Cet indicateur est neutre, surtout au sein de l'*Union européenne*, puisque les dotations écologiques – notamment en pétrole – sont équivalentes pour les États membres. La *balance courante* ne dit pas pourquoi un pays pourrait être compétitif, elle dit dit simplement - au final - s'il l'est ou pas : s'il y a plus d'exportations que d'importations, et plus d'argent qui rentre qu'il n'en sort.

Si on reprend les indicateurs que les réformes Macron vont impacter, on se rend compte là encore que rien ne légitimait les décisions qui ont été prises. Que ce soit la « flexibilisation » du Code du travail ou la fiscalité annoncée.

En effet, la balance courante ne s'améliore pas quand le coût du travail diminue. Des salariés mieux payés, ce sont autant d'individus potentiellement qualifiés, et capables de consommer ce qu'ils produisent : des biens et des services de qualité, moins énergivores. La corrélation est positive à 0,36 dans l'*UE 28*.

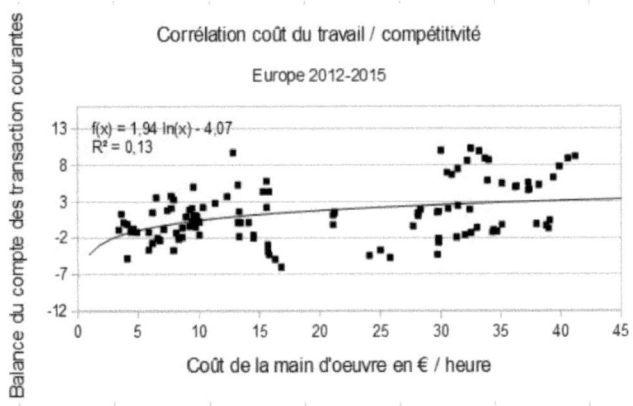

La tendance est confirmée avec la *corrélation pauvreté des travailleurs à temps plein / compétitivité*, qui est de -0,3. Autrement dit, rendre les salariés plus pauvres ne permet pas de gagner des parts de marché. Même chose pour le temps de travail puisque la corrélation atteint 0,67. Enfin notons, au moment où certains parlent de

« dégraissage » de l'Administration, qu'un État fort et structuré ne rogne pas nécessairement sur la compétitivité. Il l'encourage même, via l'Éducation, la Recherche, la sécurité, la santé, le maillage du territoire et les infrastructures publiques. La *corrélation taux de recettes publiques (en % du PIB) / balance courante* est de 0,45[13] :

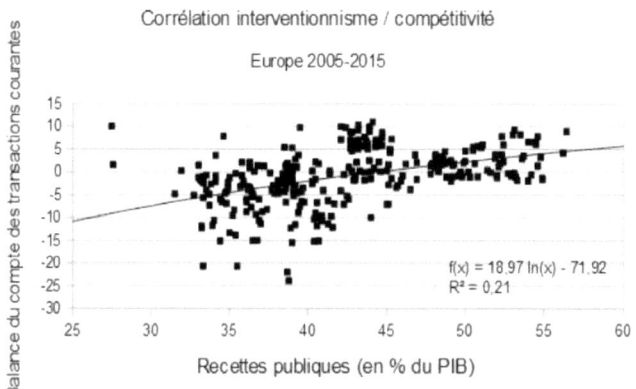

Les technocrates qui ont rédigé les récentes réformes ont-ils seulement confronté ces chiffres avant de prendre leurs décisions ? Je ne le crois pas. Ils ont pris ces décisions parce que, pour eux,

---

13 Le *Forum économique mondial* vient de publier son *Rapport sur la compétitivité mondiale 2017-2018*, et les corrélations avec son *indice de compétitivité* confirment nos résultats : au sein de l'*UE 28*, la *corrélation coût du travail / indice de compétitivité* est de 0,84 ; et la corrélation *recettes publiques / indice de compétitivité* est de 0,34. Du fait de l'orientation très marquée du *FEM*, nous n'avons toutefois pas retenu son indice de compétitivité pour nos calculs. En effet, on peut s'étonner que les USA soient classés deuxième, alors que 1. leur balance courante est déficitaire à -2,6 %. 2. les systèmes de trnasports sont délabrés, selon l'aveu même de Trump. 3. le système de santé est prrécaire. 4. l'insécurité y est galopante. Et 5. les dépenses en R&D et d'Education (en % du PIB) sont inférieures à respectivement 5 et 8 pays de l'*Union européenne*

elles étaient conformes à l'idée qu'ils se faisaient de l'économie. Une économie où l'écrasement du pouvoir d'achat des classes populaires et moyennes, au profit des plus aisés, doit profiter à tout le monde, dans un avenir indéfini et incertain... et d'autant plus instable que les conditions de vie des classes populaires et moyennes sont dégradées.

Les indicateurs économiques et sociaux impactés à terme par les réformes récentes sont en effet liées et corrélées à la question de l'inégalité. Pas simplement à l'écart entre les plus riches et les plus pauvres, mais à l'inégalité globale, celle qui prend en compte les conditions de vie de la classe moyenne, à partir de l'indice de Gini[14].

La dernière hausse de la CSG, couplée avec l'allègement de la fiscalité du capital, est un bon exemple de fiscalité qui, sans toucher aux revenus des plus pauvres, augmente la pression fiscale sur les classes moyennes (et donc l'indice de Gini). Certes, cette hausse va aussi toucher les retraités plus aisés, mais chacun sait qu'elle n'est pas progressive selon les revenus, et qu'elle sera donc plus douloureuse pour ceux qui sont juste au-dessus du seuil.

Dans sa dernière interview du 15 octobre, M. Macron a dit qu'il *« fichait son billet »* qu'avec l'exonération de la taxe d'habitation, seuls les « 20 ou 30 % » des retraités les plus riches seraient

---

14 Du nom du statisticien italien qui l'a inventé, l'indice de Gini est un nombre variant de 0 à 1, où 0 correspond à l'égalité parfaite et 1 à l'inégalité absolue (où un seul individu dispose de tous les revenus). Par exemple, un indice de 0,250 est plus égalitaire qu'un indice de 0,350. L'indice de Gini français était de 0,293 en 2016

impactés par la hausse de la CSG. A cela on peut répondre deux choses : 1. L'exonération de la taxe d'habitation ne sera complète qu'en 2020. Avant cette date, ceux qui gagnent au-dessus de 1200 € mensuels avant 65 ans, et 1400 € après 65 ans, verront donc leur pouvoir d'achat diminuer. Et 2. Le revenu moyen des 30 % les plus riches est d'environ 2300 € par mois (2800 € pour les 20 %). C'est donc bien la classe moyenne qui est touchée. Sans parler de tous les abaissements de fiscalité sur le capital, qui eux vont profiter essentiellement aux 5 et 10 % les plus riches, ceux qui disposent de plus de 50 % de tout le patrimoine français[15].

L'indice de Gini français va donc, comme le laissait présager une étude de l'*OFCE*[16], probablement augmenter dès 2018 ou 2019, pour repasser au-dessus de la barre symbolique des 0,300. Comme avec M. Sarkozy.

On notera également que, contrairement à ce que suggère la théorie macronienne de la « société de cordée », il n'y a pas de *corrélation investissement des entreprises / inégalité après impôts.*

Autrement dit, faire des cadeaux aux riches - au préjudice des classes populaires et moyennes – ne favorise pas nécessairement l'Investissement. Ni les dépenses en Recherche et Développement d'ailleurs, puisque les ménages les plus riches

---
15 *"Pourquoi moins d'inégalité profite à tous"*, OCDE (2015) page 284
16 *"Evaluation du programme présidentiel pour le quinquennat 2017-2022"*, Eric Heyer, Pierre Madec, Matthieu Plane, Xavier Timbeau le 12 juillet 2017 : l'étude montre que le programmes de M. Macron bénéficiera aux 10 % les plus riches, ceux qui gagnent en moyenne 4700 € par mois. Plus on remonte dans l'échelle des revenus, et plus les ménages seront favorisés

peuvent garder pour eux, ce qu'ils ne sont pas contraints de mettre dans l'Innovation.

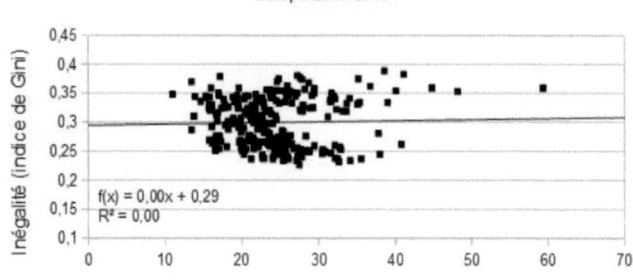

Absence de corrélation investissement des entreprises / inégalité

Europe 2005-2015

Par contre, plus d'égalité sociale aurait pu performer l'investissement des ménages, dont j'ai déjà dit qu'il était important. La *corrélation investissement des ménages / égalité* est de 0,28 (pour l'épargne la corrélation dépasse les 0,5).

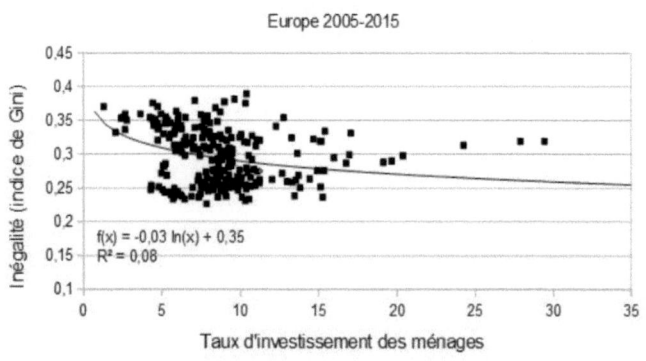

Corrélation investissement des ménages / égalité

Europe 2005-2015

A cela s'ajoute le fait que les ménages des classes populaires et moyennes placent beaucoup moins leur argent dans les paradis fiscaux que les plus riches. Selon une étude récente, les 0,01% des ménages français les plus fortunés détiendraient en effet à eux seuls près de 50% des 300 milliards € détenus par les Français à l'étranger[17].

La posture idéologique consistant à maquiller les conséquences économiques des réformes avec des éléments de langage comme *« les entrepreneurs »* (mot vague qui regroupe des individus au bord du burn-out et des multimillionnaires) ou la « compétitivité » (qui n'est jamais mesurée objectivement) ne doit donc pas faire oublier le principal : comment les hommes et les femmes vivent entre eux. Car c'est bien de cela dont il s'agit. L'inégalité illimitée de revenus propre au capitalisme est destructrice d'emplois (corrélation de -0,37), de productivité horaire (-0,44), d'épargne (-0,52) d'innovation (-0,48) de compétitivité (-0,46), mais aussi de santé, de sécurité et d'"Environnement[18]. Et rien dans les « réformes Macron » ne semble structurellement améliorer les choses.

Ce qu'il y a peut-être de plus choquant dans l'histoire, c'est que la France nous est toujours

---

17 *"Qui détient la richesse dans les paradis fiscaux. Les preuves macroéconomiques et ses effets sur l'inégalité globale"* (2017) Annette Alstadsæter / Niels Johannesen / Gabriel Zucman. Les auteurs notent que dans des pays où la pression fiscale est plus forte qu'en France, comme au Danemark et en Finlande, l'évasion fiscale est moins forte que chez nous (3% de leur PIB contre 15 % pour la France). Autrement dit, la corrélation pression fiscale / "évasion fiscale" n'est pas si évidente que certains le prétendent
18 Voir mon précédent ouvrage *"Du capitalisme"*

présentée comme le maximum de ce qui peut être fait en matière sociale. Or, d'autres nations font mieux que nous en termes de coût du travail, de temps de travail et de flexibilité des licenciements. Et surtout, nous sommes loin d'être les mieux classés en matière de lutte contre l'inégalité. La France est seulement treizième sur 28.

Par contre (c'est là que les choses deviennent intéressantes) la France est la première en termes de dépenses publiques (56% du PIB) et de « *Protection sociale* » (34% du PIB). C'est paradoxal. Logiquement, nous devrions être au moins sur le podium des nations les plus redistributives. Mais non, on est treizième, dans le ventre mou du classement. L'Irlande, qui a l'inégalité de revenus la plus forte d'Europe *avant* transferts sociaux (0,454 en 2015), fait m^me aussi bien que nous *après* transferts sociaux (juste en dessous des 0,300).

Une des raisons que certains pourraient invoquer serait l'importance relative des services publics et le nombre des fonctionnaires en France : la baisse de l'inégalité ne se ferait pas sentir sur l'indice de Gini (qui concerne les revenus) puisque l'essentiel de la redistribution sociale se ferait en nature (via les prestations de service public). Cette interprétation est cependant erronée, puisque en termes de *ratio « nombre de fonctionnaires / total de la population active »*, la France se classe, là encore, en milieu de tableau (12ème).

En fait, il y a deux raisons essentielles au paradoxe que nous venons d'évoquer. La première tient aux types de dépenses qui entrent dans la catégorie « *Protection sociale* ». En effet, contrairement aux préjugés, l'essentiel du budget de « *Protection sociale* » n'est pas aussi redistributif qu'on le croit. La plus grosse part – plus du 1/3 – est destiné aux retraites :

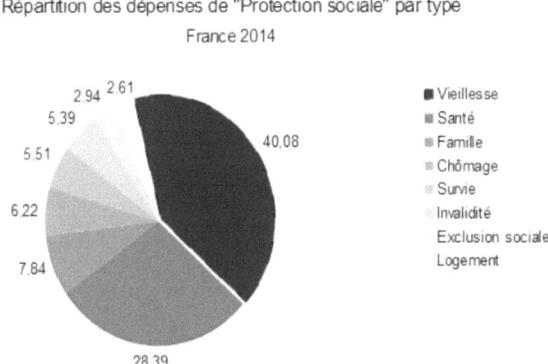

Or, les retraites n'assurent aucune solidarité (sauf entre les générations) : plus on cotise et plus on reçoit à la fin. Comme l'a très bien noté Louis Maurin, la « *Protection sociale* » comprend *des « revenus de remplacement, qui sont proportionnels aux revenus qu'ils compensent. C'est le cas des indemnités journalières de maladie ou de maternité, mais surtout des retraites. Au total, les 10 % les plus riches ont perçu 52 milliards de pensions de retraites (21 % du total), contre 4,6 milliards (2 % du total) pour les plus démunis »*[19].

S'ajoute à cela le fait que d'autres branches

---

19 « *Protection sociale : pourquoi les plus riches touchent trois fois plus que les plus pauvres* », article du 29 avril 2015 pour *L'Observatoire des inégalités*

du système social comme le chômage (dont les allocations peuvent dépasser 6000 € mensuels), et la santé coûteraient beaucoup moins cher à l'État s'il y avait, à la base, moins d'inégalité de revenus créée par le marché.

La seconde raison de la faiblesse du modèle social français tient à la répartition de l'effort fiscal. En effet, pour la décennie 2005-2015 les recettes publiques en France sont corrélées positivement à l'inégalité. La corrélation est de 0,33 (plus de 0,9 sous M. Sarkozy).

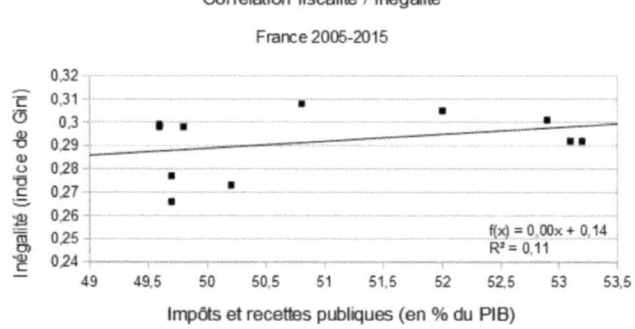

Or, la tendance générale veut que la fiscalité et l'État diminuent les inégalités. Dans l'*UE 28* par exemple, la corrélation est inverse (- 0,53). Le problème n'est donc pas tellement que les Français paient trop d'impôts (que les recettes publiques représentent 53% du PIB), même si *à terme* un équilibre 50/50 entre le public et le privé paraît souhaitable. C'est surtout que les impôts sont mal répartis entre les Français. Toute hausse d'impôt ne devrait se faire que dans la mesure où il régule l'inégalité intrinsèque au capitalisme. Là, la corrélation montre clairement que sur au moins 10 ans, les variations de pression fiscale se sont faites au préjudice des classes populaires et moyennes.

En lieu et place de l'usine à gaz du dernier Budget, M. Macron et le gouvernement auraient donc mieux fait – par exemple - de baisser la TVA (corrélée à l'inégalité à 0,37). Cela aurait eu l'avantage d'augmenter la compétitivité-prix des marchandises françaises à l'export, comme le suggère cette dernière corrélation (0,38)[20] :

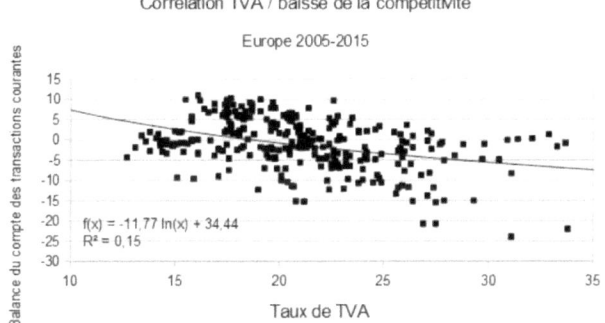

Cela pouvait être fait en supprimant – et non en transformant - le *CICE* (4 milliards € / an dès le début), en n'abaissant pas la fiscalité sur les revenus du capital (1,3 milliard €) ni l'impôt sur les

---

20 Une exonération de la TVA à l'export existe déjà mais 1. Elle ne concerne – sous plusieurs conditions administratives - que les exportations hors de l'*Union européenne*. 2. elle ne s'applique pas aux Français achetant un bien neuf à l'étranger : si par exemple vous êtes résident français et que vous achetez un véhicule neuf en Allemagne, vous devez acquitter la TVA française. Et 3. L'exonération ne s'applique pas à la consommation sur place des touristes, alors que la France est un pays très touristique

sociétés (1,2 milliard €) et en ne modifiant pas l'*ISF* (2,3 milliards €). Cela fait presque 9 milliards €, soit environ 1 point de TVA[21].

Je ne suis pas sûr que les cadeaux fiscaux du Président amélioreront même d'un point la compétitivité-prix sur les marchandises finales. Pour la simple et bonne raison qu'il n'y a aucune contrepartie en échange de toutes ces largesses. Encore moins que pour le *CICE* de M. Hollande, qui n'a en rien permis de diminuer le chômage.

Le Président a confirmé à demi-mot cette absence de contrepartie, lors de sa dernière interview télévisée. Aux questions de M. Pujadas à ce sujet, il a en effet seulement répondu – ou prédit - que les bénéficiaires de la transformation de l'*ISF* investiraient davantage dans l'économie, car ils seraient moins incités à le faire maintenant dans l'immobilier. Ce raisonnement est évidemment faux puisque : 1. La part des patrimoines financiers était

---

21 *"Taxe d'habitation, CSG, ISF... Ce que le budget 2018 va changer pour vous"*, Audrey Tonnelier pour *Le Monde* le 27 septembre 2017. L'*OFCE* estime le coût de l'abaissement de la fiscalité sur les revenus du capital à 4 milliards €. Marc Chevalier dans *"Alternatives économiques"* estime, lui, que la baisse de l'*IS*, couplée au remboursement (mal anticipé par le gouvernement) de la taxe de 3 % sur les dividendes revient à *alléger de 11 milliards € par an l'impôt des entreprises,* et *que le cumul transitoire en 2019 de l'ancien CICE et de la nouvelle baisse pérenne de charges patronales procurera un gain de trésorerie de 21 milliards €.* On arrive à la somme extravagante de presque 40 milliards €, l'équivalent de 4 points de TVA. Le bénéfice des mesures non destinées aux classes riches paraît, lui, beaucoup plus faible : la baisse des cotisations salariales est financée par la CSG ; l'exonération de taxe d'habitation ne se fera pas sans un appauvrissement des collectivités locales ; l'augmentation du budget *"solidarité, insertion et égalité"* pour 2018 est inférieur à 1 milliard € par an ; et l'aide à la transition énergétique serait de 10 milliards sur 5 ans (voir *"Transition énergétique : le coût budgétaire du plan reste flou"*, Infgrid Feuersein pour *Les Echos* le 18 septembre 2017)

déjà très supérieure à la part des patrimoines immobiliers - avant réforme fiscale - et cela n'a pas fait diminuer le chômage. 2. « L'incitation fiscale » n'est pas une garantie d'investissement productif, de création d'emplois ou de démocratisation de l'économie : les ménages les plus riches peuvent toujours laisser dormir leur argent, aller dans des paradis fiscaux plus attractifs, continuer à diriger sans contre-pouvoirs, ou viser une plus-value et des dividendes exorbitants, en poussant notamment aux plans de licenciements. 3. Tout ce que les ménages les plus riches vont gagner dans la finance, va pouvoir largement dépasser ce qu'ils perdront ensuite fiscalement dans l'immobilier. 4. Il ne faut pas se focaliser sur l'*ISF*, et oublier les autres mesures fiscales (comme la *flat tax* à 30% sur les revenus du capital) pour lesquelles il n'y a, là non plus, aucune espèce de contrepartie. Et 5. Annoncer, comme l'ont fait certains députés macroniens, qu'ils allaient « flécher » et « contrôler » les mouvements de capitaux défiscalisés est une vaste blague. La suppression récente des taux historiques pour l'épargne longue et salariale en est la preuve flagrante[22].

Les « réformes » sociales et fiscales du Président ne relanceront donc pas l'activité, et profiteront - à court, moyen et long terme - aux ménages les plus riches. Et je *« fiche mon billet »* – pour le coup - que le *« choc de confiance »* ne durera pas deux ans. Le pari économique de MM. Macron, Philippe et Darmanin est un coup de poker.

---

[22] *"Fiscalité : le gouvernement durcit en douce les règles pour l'épargne salariale et les PEA"*, Capital le 27 octobre 2017

Ils ont fait tapis avec une poubelle. Ils ont enfilé les lieux communs comme des perles, et maquillé leurs discours à la truelle. Ils n'ont confronté aucun chiffre, ils n'ont rien comparé. Bref, ils n'ont pas fait grand chose. Les *« fainéants »,* les *« jaloux »* et les *« cyniques »* ne sont donc pas ceux qu'on croit. Et les prochaines élections, en 2019, seront l'occasion de le leur rappeler.

Couverture : « *Mercure inventant le caducée* » (1878) Jean-Antoine-Marie IDRAC

© 2017, David Guerlava

Edition : Edition : BoD - Books on Demand
12/14 rond-point des Champs Elysées, 75008 Paris
Impression : Books on Demand GmbH,
Norderstedt, Allemagne
ISBN : 9782322099276
Dépôt légal : novembre 2017